ROLE HONORABLE

POUR LA FRANCE

DANS LES AFFAIRES

D'ORIENT,

PAR

SCIPION MARIN,

Auteur de *Solution de la Question Orientale*,
de *Événements et Aventures en Égypte en* 1839,
de *Conduite de la France envers la Turquie*,
et de *le Premier Coup de Canon dans l'Orient*.

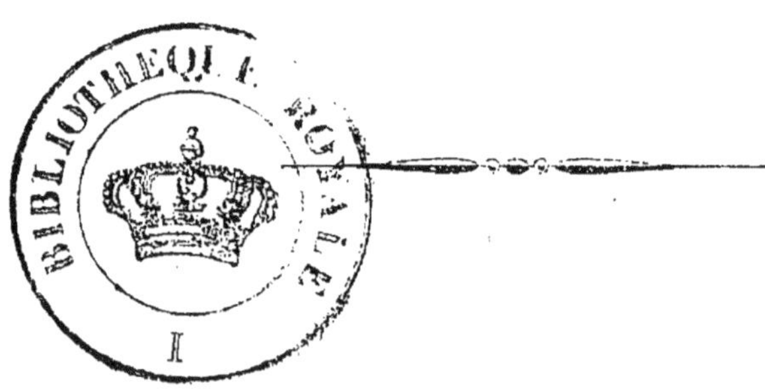

PARIS,

CHEZ GRIMBERT ET DOREZ, LIBRAIRES,

Rue des Grands-Augustins, 20.

1840

Paris, imprimerie de A. René et Comp.

ROLE HONORABLE

POUR LA FRANCE

DANS LES AFFAIRES D'ORIENT.

Tous les partis en France veulent la guerre.

Mais la guerre que nous voulons faire à présent

1° *Partirait d'une erreur ;*

2° *Mènerait à des mécomptes;*

3° *Se ferait par des moyens contraires à nos principes.*

C'est ce que nous allons prouver avant d'indiquer l'arrangement qu'il convient à notre dignité de proposer d'abord et de commander ensuite.

1° *Cette guerre partirait d'une erreur.*

Il est une chose que nous ne saurions trop redire, parceque c'est une vérité des plus importantes; nous répéterons donc ici ce que nous avons dit au commencement de notre ouvrage, *Evénements et Aventures en Egypte en* 1839 :

« C'est sous la restauration que Méhémet-Ali commença à produire ses velléités d'indépendance ; or, la restauration était le bon temps des renverseurs de pouvoir : il y avait des ovations publiques pour les Guillaume Tell, les Mazaniello, les Ankarstroms, pour tous les tueurs de rois. La liste civile de Charles X subventionnait l'Opéra pour les apothéoses des libérateurs de la Suisse, de Naples, etc. Par la raison que Méhémet-Ali se révoltait contre le Grand-Seigneur, Méhémet-Ali devait s'attirer ces affections populaires. C'était, aux yeux de la crédulité parisienne, un libéral (*risum teneatis*), un Washington, un Bolivar. Sa vaste pensée couvait une régénération humanitaire sur les bords du Nil dont il soustrayait les peuples à l'arbitraire de Constantinople. L'opposition devait donc adopter avec fureur le libérateur de l'Egypte. »

Une circonstance qui faillit dissiper ce prestige imposteur, ce fut l'établissement des bateaux à vapeur de Marseille à Alexandrie : les traversées se trouvant singulièrement simplifiées et abrégées pour les voyageurs, les curieux, les touristes, l'héroïque fantasmagorie de Méhémet-Ali devait tomber au néant, le grand homme s'évanouit; mais on a fait concevoir au pacha l'omnipotence de la presse parisienne; il a ébloui les entreprises de journaux par la puissance de l'or que la presse s'est obstinée à regarder comme la puissance du génie, et Méhémet-Ali a continué d'être l'héroïque vieillard, comme devant.

Nous avons vu à Alexandrie, dans les registres de Boghos-Bey, les tarifs des consciences du journalisme; nous ne révélerons rien, seulement nous dirons que les plus rogues des journaux, les plus chatouilleux pour l'honneur national, y sont couchés pour des sommes qui ne sont pas exorbitantes.

Et ici nous ajouterons en passant que si le gouvernement français est trompé, induit en erreur par la presse, la faute en est à lui. Il la spolie, il la taxe, il l'assomme du marteau du timbre, il l'assiége des mesures fiscales du cautionnement, de la poste; et cela au point que, pour continuer à défendre les libertés en Europe, des libéraux sont obligés de recevoir l'obole de l'absolutisme oriental; si le ministère est mené par le nez, conduit à une guerre qui est un non-sens, tant pis pour lui.

Quant à l'homme extraordinaire de l'Orient, figurez-vous un Arnaute, un demi-sauvage sans réflexion, sabreur dans sa jeunesse, astucieux dans l'âge mûr, et entêté dans sa caducité, vous aurez le kavaliote pour lequel l'encens fume à Paris.

Nous avons, dans la brochure *Conduite de la France envers la Turquie*, examiné les actes culminants de sa vie, et aucun n'indique une certaine portée; ce n'est qu'un enchaînement de desseins au hasard, de résolutions irréfléchies qui ont mis l'Egypte au point où elle est, c'est-à-dire au dernier degré de la misère, de la famine; de sorte qu'avec encore deux ou trois ans d'un pareil règne, la race égyptienne disparaîtrait du monde, et l'Egypte de la carte; car cet entassement des fellahs dans les vaisseaux et les armées, retirant à l'agriculture tous ses bras, les canaux s'engorgent, l'inondation se rétrécit, le désert envahit la vallée.

Nous avons dit que sa marine était incapable de soutenir une guerre; que ses vaisseaux, construits avec du bois vert, font eau comme des paniers. Quant au personnel, on peut juger de l'état où il se trouve par un coup de politique à sa manière; les équipages turcs se mutinant, il les a mêlés par moitié avec des équipages égyptiens, de sorte que, dans le cas d'une bataille navale, l'Anglais aurait la moitié de partisans sur l'escadre ennemie, qui ne manqueraient pas de tirer sur les officiers et d'amener le pavillon. La France compte cependant sur la coopération d'une flotte aussi mauvaise *au physique qu'au moral*, comme l'on dit.

Sa manie manufacturière est une insanité non moins funeste, comme nous l'avons prouvé dans la brochure précitée.

Et quant à cette occupation de la Syrie, que nos publicistes se croient obligés de considérer comme un acte de la plus sage et de la plus profonde politique, attendu, disent-ils, que l'Egypte a toujours été conquise par l'avenue de la Syrie, à moins qu'elle ne l'ait été par une attaque d'un autre côté; quant à cette occupation, elle se fit contre le gré du *puissant génie*. Méhémet-Ali fit assiéger Acre pour désaccord avec Abdalla (qui n'est pas le féroce Djezzar) dans des tripotages d'argent compliqués d'une fuite de fellahs sur ce pachalik. La ville prise, Ibrahim se laissa entraîner par de faciles victoires, et poursuivit sa marche en dépit des ordres formels du vice-roi de rebrousser chemin.

2° *Cette guerre mènerait à des mécomptes.*

La France s'engagerait dans une guerre générale pour soutenir cet échafaudage sans consistance de la puissance égyptienne !

Mais pour mener à bien une grande guerre, il faut un but suprême, senti de tout le monde, approuvé, connu de chacun. Il faut savoir ce que l'on fait, ce que l'on veut, ce que l'on tente. Si l'on guerroie au hasard, on fait des prodiges de bravoure, on remporte de mémorables batailles, la gloire nationale s'en accroît ; mais un voisin plus adroit s'approprie en réalité tous les avantages. Voyez nos grandes guerres : que nous est-il advenu de celle si longue de la succession? *Il y a eu toujours des Pyrénées ;* cela est si vrai qu'à peine Louis XIV mort, Philippe V et le régent en vinrent aux mains. Mais les Anglais prirent Gibraltar, et l'ont gardé. Quelles plus belles batailles que celles des Pyramides, d'Héliopolis! mais les Anglais prirent Malte, et l'ont gardé. Et quand la canonnade de l'empire a cessé, quand la fumée s'est dissipée, qu'avons-nous vu? Nous avons vu le cap de Bonne-Espérance, Corfou, l'île de France, Héligoland, etc., etc., entre les mains des Anglais. Moins de vaudevillisme guerrier, mes chers Français, et un peu plus de logique dans ce que nous faisons.

Quelle est l'origine, le premier germe de nos

démêlés? C'est la crainte de l'agrandissement commercial et politique de l'Angleterre, de sa domination dans la Méditerranée.

Dupes du libéralisme qui a adopté Méhémet-Ali, et du journalisme qui l'a glorifié, nous nous sommes dit : voilà une jeune puissance qui s'élève à Suez, s'interposant entre l'Inde et l'Angleterre ; il y a là une marine, il y a là une organisation, à ce que disent les journaux, il y a là une force sociale; adoptons cette puissance, et soutenons-la.

Voilà la bévue qui a fourvoyé notre politique. Il n'y a point d'organisation sociale, point de civilisation, point de marine; il y a misère, tyrannie, ruine, désorganisation.

Chaque nation a ses nécessités politiques, ses tendances irrésistibles qu'elle doit finir par accomplir; la descente sur le Bosphore est celle des Moscovites; la prise de l'Egypte est celle de l'Angleterre, comme l'est pour nous la barrière du Rhin. Encore pouvons-nous exister comme peuple avec nos limites actuelles; la Russie peut vivre à la rigueur sans Constantinople ; mais l'Angleterre, au point où la navigation à la vapeur en est venue, au point où l'a mise la possession de l'Inde, l'Angleterre ne peut plus se passer de Suez.

Donc tous ses efforts se porteront sur ce point, comme la Russie, à l'abri de notre propagande, descendra sur le Midi. Tandis que ces deux nations se caseront ainsi, nous serons dignes de nos aînés en Allemagne et en Italie, nous soutiendrons notre héritage de gloire guerrière ; mais enfin il faudra bien que la canonnade finisse, et, une fois la fumée dissipée, nous découvrirons les Russes fort bien assis sur le Bosphore, et les Anglais à Alexandrie.

N'oublions pas que la guerre n'aurait pas eu d'autre origine que le désir d'empêcher cela.

3° *Nous ferions cette guerre par des moyens contraires à nos principes politiques.*

Mais cette guerre, si glorieuse pour la France, cette guerre qui sera digne de celles de la République et de l'Empire, cette guerre enfin, honorable dans ses résultats, le sera-t-elle dans ses moyens?

J'ai déjà fait un rapprochement historique fort concluant, il n'est pas mal de le rappeler encore. Au commencement du seizième siècle, lorsque tout avait été perdu à Pavie, fors l'honneur, lorsque François Ier languissait à Madrid, que son sujet rebelle, le connétable de Bourbon, dévastait notre littoral du Midi, que les impériaux entraient en Champagne, Soliman Ier, empereur des Turcs, préféra l'alliance de la France à celle de Charles-Quint, qui lui proposa de s'unir comme de nouveaux Honorius et Arcadius, ces deux fils de Théodose, et de se partager le monde. Certes si Soliman Ier eût accepté, si les deux amiraux de ces empereurs eussent agi de concert, si Hariadan-Barberousse, au lieu de chercher, de combattre André Doria, de le bloquer dans Messine, se fût joint à lui; si les deux escadres combinées eussent fait des débarquements en Provence pour appuyer le connétable de Bourbon, je ne sais ce qui serait arrivé. J'ai foi en la destinée de la France; sans doute il eût surgi un Charles-Martel, une Jeanne d'Arc dans cette extrémité; mais enfin, encore faut-il savoir gré à Soliman de n'avoir envoyé l'escadre d'Hariadan à Toulon que comme alliée.

Il est beau, il est noble pour la France d'en appeler aux armes de l'injure du traité de Londres; cette susceptibilité est digne d'une grande nation, cette délicatesse d'honneur national ne sera pas oubliée par l'histoire; mais si l'honneur est une qualité morale, la reconnaissance n'en est-elle pas une aussi? La Turquie a eu sa bataille de Pavie à Nézib; elle a eu son connétable de Bourbon dans le transfuge capitan-pacha. Est-il bien digne d'une grande nation, d'une nation loyale, héroïque comme la France, de ne pas rendre la pareille à l'empire de Soliman Ier? La France, délicate sur le point d'honneur, oublie un peu trop facilement la conduite que tint envers elle l'empereur ottoman. Nous prenons la liberté de la lui rappeler.

Nous désirerions aussi que la France montrât un peu plus de stabilité dans ses principes libéraux. Elle est sûre de la sympathie des peuples quand elle voudra faire de la propagande, dit M. Thiers. Soit; cependant j'ai vu le Levant plein de Piémontais et de Polonais exilés, qui se plaignent de s'être insurgés à l'instigation de la France, et de n'en avoir pas eté soutenus. Il m'a été très facile de leur répondre que si après 1830 la France ne les a pas appuyés, la faute en est à son gouvernement qui a paralysé ses affections fraternelles; mais si aujourd'hui nous portons également dans notre cœur la liberté en Europe et la tyrannie de Méhémet-Ali en Orient, si nous crions : *vive l'insurrection* en Italie, et *à bas l'insurrection* en Syrie; si nous allons chanter *la Marseillaise* sur le Rhin et le Pô, et que nous désirions la destruction des tribus syriennes qui la chantent, nous courons le risque d'être inconséquents, de n'inspirer pas une grande confiance aux peuples; notre propagande pourrait bien tomber à plat.

Je l'ai dit, et je le répète : il faut savoir ce que l'on veut; point d'arrière-pensée, de politique mixte; la grande, la belle révolution fut grande et belle parcequelle était franche. Avouez-le, messeigneurs, vous aurez beau lui mettre les terribles moustaches et l'énorme pipe du père Duchesne, M. Mayeux sera toujours M. Mayeux.

N'est-il pas honteux qu'un peuple qui s'est battu pour la Charte en 1830 brise une alliance de trois cents ans avec la Turquie, s'éloigne du sultan qui vient de donner une charte à ses peuples, et qu'elle brûle d'amour pour un sanguinaire tyran, destructeur probable des deux peuples qu'il tient sous son sceptre?

Rôle honorable pour la France.

La France a été insultée par son exclusion du traité de Londres. Hé bien! elle doit se poser arbitre souverain des intérêts du monde.

Elle doit, ses escadres prêtes et ses armées l'arme au bras, elle doit dire :

« Vous, Ibrahim, vous rendrez la Syrie au sultan, et vous recevrez en compensation les beyliks de Tripoli, de Barbarie et de Tunis; vous cédez deux millions d'âmes, et en recevez trois millions; vous aurez l'hérédité, mais paierez tribut à votre souverain (1).

« Vous, sultan, vous souscrirez à cet arrangement, parcequ'il vous vaut bien mieux qu'une crise qui mettrait la Russie à Constantinople, et exposerait l'Asie-Mineure aux invasions d'Ibrahim.

« Vous, Nicolas, vous resterez dans votre Mer-Noire.

« Vous, Anglais, vous aurez Suez, le canaliserez, creuserez vos docks à l'ancienne Péluse, à votre guise. »

Je sais qu'à ce mot de concession à l'Angleterre, les crânes d'estaminet vont se mettre en fureur. Mais nous avons déjà dit qu'avec du vaudevillisme guerrier nous remporterions de belles batailles, et qu'en fin finale Alexandrie, peut-être l'Egypte, resteraient aux Anglais.

La grande famille humaine a ses périodes de progrès, marquées par des événements de haute importance : la découverte de l'Amérique en fut une, la circumnavigation du cap de Bonne-Espé-

(1) Il est bien entendu qu'en raison de son protectorat la France interviendrait dans la manière de gouverner de Méhémet-Ali.

rance en fut une autre. Aujourd'hui la coupe de l'isthme de Panama, la canalisation de Suez seront des progrès comparables à ceux de Colomb et de Gama. Empêcher ces pas de la famille humaine, c'est de la jalousie sans dignité ; c'est comme si une nation avait été couler à fond Colomb à son premier retour d'Amérique, en haine de l'Espagne.

D'ailleurs il est de l'intérêt de la France que le commerce anglais prenne son cours par la Méditerranée. En temps de paix, Marseille et la France seront la voie toute naturelle d'une partie des communications anglaises avec l'Inde ; en temps de guerre, tout ce commerce passera parmi nos corsaires de Toulon, Port-Vendre, Oran, Alger, Bougie.

D'autre part, en nous adossant au pacha d'Egypte à Tunis, nous nous consolidons en Afrique ; Abd-el-Kader n'aura plus d'allié possible que le Maroc.

J'ai développé plus au long, dans ma *Solution de la question orientale,* les raisons déterminantes.

Si la cession de Suez aux Anglais est la seule objection, il est facile de déclarer l'isthme neutre, comme le chemin public de l'Orient.

Toutes les nations trouveraient leurs avantages à ces décisions de la France :

La Prusse n'a rien à gagner dans une conflagration générale, elle aurait ses provinces Rhénanes à perdre ;

L'Autriche pourrait gagner une province sur le Danube, mais elle jouerait sa Lombardie et peut-être sa capitale;

L'Angleterre ne serait pas satisfaite, peut-être, de Suez sans Alexandrie, mais la Russie ne viendrait pas s'impatroniser dans la Méditerranée, s'asseoir en Grèce, à Smyrne, dans l'Asie-Mineure, où partout j'ai trouvé en majorité dans la population les Grecs ses coreligionnaires.

L'Egypte se débarrasserait d'un cancer comme la Syrie, et s'occuperait un peu d'organisation sous le patronage de la France.

La Turquie s'arrondirait de la Syrie, percevrait le tribut de l'Egypte et de Tunis, ferait ses réformes publiques en paix et sécurité.

La France, arbitre de ces débats, aurait joué un rôle grand, magnifique ; son honneur serait satisfait, son allié de Constantinople se relèverait de ses malheurs, et elle s'occuperait enfin d'en finir avec Abd-el-Kader.

www.ingramcontent.com/pod-product-compliance
Lightning Source LLC
LaVergne TN
LVHW010343230826
846091LV00009B/4014

* 9 7 8 2 0 1 1 7 5 3 2 5 0 *